U0111381

大展好書　好書大展
品嘗好書　冠群可期

大展好書　好書大展
品嘗好書　冠群可期

武術特輯
50

地 趟 拳
+VCD

張憲政 著

大展出版社有限公司

前　言

　　千百年來，中國武術深入人心，習武人經過實踐反覆體會到武術的技擊攻防之效果，強身健體之道理，中國武術博大精深，中國武術奧秘無窮。

　　不論走到哪裡，都可以看到練拳舞劍的一派壯觀景象，不論是南拳北腿，還是東槍西棍，都為中華民族文化增添了燦爛的一頁。

　　從眾多的拳種中，有一個以腿功跌法為主要套路的拳派，它腿法奇猛，跌法巧妙，腿身柔靈，隨機就勢。交手實戰講求，形退實進，上驚下取。

　　這就是——地趟拳。

目　錄

地趟拳源流

　　少林寺中有觀音堂、羅漢堂和達摩堂，地趟拳出自少林寺觀音堂。其源在明代《紀效新書‧拳經捷要篇》有載：「山東李半天之腿，鷹爪王之拿，千跌張之跌……皆今之有名者。」其三十二勢中有「掄背」、「打滾」、「臥牛倒」等多處有關「滾、跌、摔」法的記載。

　　北平（今北京）恆大槍精通地趟拳功法，更擅長大槍，因此，江湖人送他綽號「恆大槍」是北平武林界八大名望之一，博有名聲。恆師祖門下有兩徒，大徒弟山東大漢霸斗牛，身高力大，質樸勤勞；二徒弟河北蘇廣泰，精明強幹，富有心計，當兩人在功德上有一定成就時，師父將兩人叫到面前說：「你倆出外走走，訪訪武林師友，長長見識，老大走江南、老二去東北吧。」老師安排好後，兩人便分頭闖蕩江湖以武會友。經過一段時間的會師訪友，沒遇對手。蘇廣泰便有沾沾自喜之意，私下在奉天（今瀋陽）擺下擂

台，豎起大旗，寫道：「會天下英雄獨逞英豪」。在擂台上練功一週，沒有遇到迎戰者，便返回北平向老師匯報。恆先師對他私下設擂舉旗之事很不滿，面色嚴肅，立刻從兵器架上拿杆包頭槍，叫廣泰任選兵器，說：「師父試試你的功夫。」此時蘇心想，師父都70多歲的人了，我怎能和他比試，但嘴裡並沒說出。恆先師心中明白，叫你來就來吧，蘇不敢違抗，便進招。剛出手，不知怎的，手中槍即刻飛出，蘇立即跪倒在地重新拜師學藝。師父說：「你可懂得人外有人，天外有天的道理，咱們功夫很一般，叫你們外出闖蕩，就是爲了訪高人學藝，虛心會友，你私下設擂，那是人家沒理你，否則，你會栽大跟頭的，到任何時候都不能認爲自己高，更不能逞強鬥勝，一定要知道一山更比一山高的道理，切記呀！」

從此，蘇勤學苦練，深得恆先師眞傳，繼承了恆先師之武術基業，在河北開館傳授地趟拳、地趟器械等功法。並收下河北蠡縣劉美洲、劉發洲、賣娃等弟子。40年代末，劉美洲老師來遼寧本溪，在探長子劉敏期間，收常太剛爲徒。我於1960年春拜常太剛爲師，開始學習地趟拳、地趟器械。

張憲政

一、地趟拳風格和特點

地趟拳是以跌、撲、滾、摔為基本動作，配合各種手法、腿法、步法、步型等形成的組合和套路練習。

因躺著練、滾著打而得名。地趟拳的主要特點是：腿法奇猛，跌法巧妙，腰身柔靈，隨機就勢，順水推舟。實戰交手講究形退實進，上驚下取，下盤進攻，敗中取勝。訓練中要將蹬、戳、掃、掛、剪、踹、鏟、�等腿法，與翻、滾、摔、跌等摔法有機地結合起來；要自然協調，恰如其分地將撲、撐、捋、按、劈、分、沖、掄等手法，表現於摸、爬、滾、打之中。

地趟拳和其他傳統拳術一樣，有其豐富的內涵，有一定的鍛鍊價值，更富於技擊性。練習時，要求運動員要有較高的靈活性和協調性，要達到形神兼備，內外合一，快慢結合，上下相隨的技術效果。

　　要表現出，時而滾、摔、剪、踹、掃、掛，時而跌、撲、蹬、戳、鑹、躍；又有撲、撐、捋、按和摔、跌、分、掄、沖、劈、合、蹬、踹等腿法、手法與摔法的巧妙配合。行神兼備、內外合一，是意識與行動的統一，呼吸與動作的協調配合，只有藉由夜以繼日的內在修煉和外形動作的艱苦磨煉，才能達到運用自如的目的。

　　撲、撐、摔、跌、滾、翻是地趟拳的基本技術，掄背、烏龍絞柱、烏龍絞尾、鯉魚跳漣、鯉魚打挺、老漢絮被窩、死人翻車、摔滑車、栽碑、撲、撐、蹬、戳等是地趟拳的基本動作。

　　這些基本技術和基本動作，在完成自身的技巧和攻防訓練之外，要和各種腿法、手法和步法相配為伍，組成套路練習，顯示出地趟拳與眾不同的風貌，形成了跌、撲、滾、翻與踢、打、摔、拿熔為一爐的獨特風格。

二、練習地趟拳的要求

（一）對地趟拳要有充分認識，不要認為地趟拳動作總是摔摔跌跌的，又髒又累，難度大，不易練好。一切事物都有雙重性，從另一個角度去看，雖然地趟拳動作有一定難度，但只要你有信心，就一定能練成功，一定會受益匪淺，練出一個強壯的體魄和堅強的意志，去適應任何艱難困苦的條件。

（二）地趟拳有佯跌以敗制勝之法，更有以撲摔進攻之術，無論是佯跌還是撲摔，都要求運動員有良好的身體素質和基本功。做摔跌動作時，要有一定的控制能力，起落要輕捷自然，這樣，就可以不侷限於訓練場合，就能做到：站著能夠行拳，躺著也可以走勢。一年四季，不論什麼天氣，在室內、室外、山上、田間、水泥地、馬路上都可進行地趟拳的演練，毫無不適之感。

（三）要循序漸進，由易到難、由簡到繁地去練

習。首先將地趟拳的基本技術和基本動作掌握熟練，要一個動作一個動作地去練，再把蹬、戳、剪、鏟、掃、掛等腿法和撲、按、劈、沖等手法練出來，然後可組成組合練習。組合動作可任意組成，摔、跌、滾、翻等可相互組合，摔跌等方法可與各種腿法、手法相組合，最後再形成套路和攻防訓練。

（四）地趟拳在步法上沒有固定的形式，它以變步、螳螂步和進退擺扣步為主，螳螂步類似跟蹌步法，但不同於醉拳中的步法，它以迅速敏捷的上身閃躲與左右擺扣步相結合，形成了閃電似的左右躲閃身法。以此步法配合各種腿法和手法，可形成不同形式的組合動作和攻防技術。

（五）在練地趟拳基本動作時，要把攻防意識表現出來，這是外表動作與內在精神的統一，不要單一地去追求跌、撲、滾、摔動作的技巧，使武術動作舞台化，忽視了它的技擊意義。應在一滾一翻中含有各種腿法；在一撲一跌中藏有不同手法才為完整。如在做掄背動作時，向前之腿就應有蹬踹之勁；在做烏龍絞柱時，前動之腿就是掃掛之腿法；而做鯉魚跳漣時，空中雙腿就應做點蹬踏之招等等。每一個滾、翻、摔、跌的方法都內含著技擊之意。所以，在練習每個地趟拳動作時，不要忽略技擊這個基本原理。

三、地趟拳的健身作用

練習地趟拳對鍛鍊筋骨，強壯皮肉有獨特的作用。習此拳者，全身均與地面打交道，而且能嫻熟自如地凌空而起，又能輕捷準確地摔跌於地面。地趟拳的高難動作，對鍛鍊意志及陶冶情操和增強體力可獲得重要作用。

練習地趟拳，對發展人體各部位肌肉力量、提高各關節的靈活性，對神經與肌肉活動的協調能力都有良好的作用；對呼吸系統、血液循環及內臟器官，也有一定的鍛鍊效果。

四、地趟拳基本動作和要求

1. 摛 背

【動作說明】：

（1）自然站立，右腳向前上步屈膝，頭隨上體前傾含胸低頭，右臂靠胸向左後伸，同時，左手扶地右肩著地，左腳向上掀起，身體屈圓抱緊。

（2）由右肩背經腰至左臀部滾翻一周，後成右仆步，兩手自然在身前扶地；目視仆腿方向。

【要求】：滾翻過程中，身體抱緊切勿鬆散。向前滾翻時，右腳要向前蹬踹。

2. 烏龍絞柱

【動作說明】：

（1）先做右仆步雙手扶地動作，左蹲腿向左側倒地，同時，右腿向左斜上方掃掛，上身躺地從左向右後方滾翻。

（2）當右腿掃掛至前上方時，左腿配合右腿夾胯向右上方剪蹬；同時，肩背撐地，自左向右、向上扭轉腰部。

（3）兩腳落地成右仆步，兩手在身前扶地；目視仆腿方向。

【要求】：右腿掃掛，夾胯剪蹬，滾翻扭轉要協調一致，同時進行。

3. 鯉魚跳漣（原地或行進間均可）

【動作說明】：

（1）兩腳蹬地跳起，上體由上向前下方撲落，兩腳向後上方伸展，兩臂在空中屈臂收至胸前，手心朝下。

（2）當上體下落，兩腿向上伸展時，兩腳要擺動拍打或屈膝點蹬。

（3）兩手先落地屈臂靠胸，兩腳隨身落地成俯臥撐姿勢；目視前方。

【要求】：上體前撲，兩腿後伸，兩腳拍打要協調一致，點蹬要做分明，不要做成舞台上的撲虎動作。

4. 老漢絮被窩

【動作說明】：

（1）做俯臥撐下臥姿勢，身體上領，兩臂用力撐地；同時，兩腿迅速屈膝收於腹前，兩腳凌空由兩臂中間仰身穿出，腳尖勾起，腳跟用力。

（2）在兩腳穿出仰身躺地同時，兩臂外展兩手平伸落地，手心朝上；目視前上方。

【要求】：兩臂支撐時要向後拉力，協助兩腳前穿。前穿時腹要向前上方挺勁，身體要懸空，完成後，頭項應在兩手中間位置，好似身體鑽進被窩裡，頭枕在枕頭上一樣。

5. 旱地拔蔥

【動作說明】：

（1）接絮被窩動作，仰身平躺，兩腿抬起，肩背撐地，腰臀上拔，兩腳經頭上用力向後蹬或兩腿直擺，腳尖朝下。

（2）與此同時，兩手在肩部兩側撐地協助兩腳後蹬及直擺，兩腳尖落地成俯臥撐姿勢。

【要求】：兩腳後蹬，兩手撐地要協調配合，要和腰臀上拔同時進行。兩腳後蹬可高可低，可高於胸，可低於膝。

6. 死人翻車

【動作說明】：

（1）俯臥撐臥式，目視前方，身體挺直，兩腿併直，由手掌、手背交替向前翻蹦。

（2）翻蹦（5～10次）一段距離後，兩手用力撐地使身體向上、向右翻轉，身體保持僵直，仰身平整落地，兩臂隨身體翻轉平伸兩側，手心朝上。

【要求】：自向前翻蹦到翻身至為「死人翻車」全過程，要始終保持如一具僵屍向前運行。翻蹦距離可根據自身情況而定，身體翻轉要凌空。

7. 鯉魚打挺

【動作說明】：

（1）仰身躺地屈腹收腿，兩腳向上抬起，繃腳面，兩手由兩肩後撐地或推兩腿。

（2）腰臀上提肩背撐地，兩腿分開向前弧形振擺，屈膝收腳落於臀下。

（3）在兩腿向前振擺的同時，上體向前上方挺腹彈起；目視前方。

【要求】：兩腿振擺，上體彈起要協調一致，同時進行；兩腿分開不要超過兩肩的寬度。

8. 摔滑車（原地與助跑均可）

【動作說明】：

（1）以左腳踏地跳起在空中做雙踹腿動作。在空中時右腿在前、在上，左腿在後、在下，上身側臥，左臂在下右臂在上；目視踹腿方向。

（2）兩手收於胸前先落地，隨後兩腳尖落地，右腳在上、在前，左腳在下、在後，身體凌空；回頭目視兩腳方向。

【要求】：空中雙踹腿屈伸要分明，力點要準確。下落時要控制節奏，掌握由上體至下肢魚貫而落，協調一致，重心偏於左臂。

9. 烏龍絞尾

【動作說明】：

左式：（1）身體左側臥，左腿屈膝側盤坐地，兩手在身前扶地，右腿在左腿上向前仆出。

（2）上體側倒靠近兩臂，同時右腿向左前上方

掃掛，當右腿掃至胸前上方時，左腿隨之向右腿合腿屈膝。

（3）以腰為軸上體向右翻扭成右側臥身，在左腿屈膝同時，右腿屈膝以腳跟後掛；左腿同時向前靠貼右腿向前鏟出，腳掌貼地；兩手在身前扶地，目視鏟腿方向。

右式與左式相同，惟方向相反。

【要求】：翻扭、掃掛同烏龍絞柱動作的前半部分；後半部變屈膝合扣，左掛右鏟和右掛左鏟，合成烏龍絞尾。掃掛、翻扭、合扣屈膝、後掛剪鏟，必須同時進行，協調一致。

10.撲撐戳蹬踹（原地或行進間均可）

【動作說明】：

（一）撲撐戳腳 （1）自然站立，目視前方，左腳向前上步，屈膝下蹲；同時，兩手從前向右側下捋撲撐地。

（2）右腳尖外展，腳跟擦地向前上方戳出，高與膝齊；目視戳腳方向。

【要求】：兩腿下蹲，兩手捋掌撲撐和戳腳要同時進行，協調一致。戳腳時上體要向戳腳腿靠攏合

力，身體要懸空。

（二）蹬　接撲撐戳腳動作後，兩手撐地，左腳蹬地跳起，左掌隨之離地上撩，上體上領；同時，右腳收回落地，左腳尖勾起向前上方蹬出，高與膝齊，身體懸空；目視蹬腳方向。

【要求】：右手撐地，上體上領，收落右腳，蹬左腳要協調一致，同時進行。

（三）踩　接撲撐蹬腳動作後，右腳蹬地跳起，身體左轉，兩腿在空中屈膝靠攏，同時下落，右腳急速向右側方踩戳；目視仆腿方向。

【要求】：蹬地起跳，身體騰空左轉，下落踩戳要協調一致，同時進行。仆腿踩戳是一個動作內含兩種勁力方法，即向下砸踩勁和向前戳勁合為一體，踩其背部，戳其踝部。

戳、蹬、踩要經常合練，三種腿法的著力點要分明。

五、地趟拳動作名稱

$$\boxed{\text{第一段}}$$

1. 虛步雙壓拳　　　　　七星垮虎雙壓拳
2. 後蹶腳按掌　　　　　鷹旋回首左右按
3. 螳螂步戳蹬躧　　　　螳螂閃身戳蹬躧
4. 烏龍絞柱　　　　　　烏龍絞柱就地纏
5. 跳躍雙撲掌　　　　　狸貓捉鼠雙撲爪
6. 分手下踩　　　　　　野馬分鬃迎風踩
7. 橫襠步雙抱拳　　　　雙臂掄行虎抱錘
8. 左右戳腳沖劈拳　　　左右戳腳雙劈拳
9. 掄背旋風腳　　　　　急地蹬科空中雷
10. 臥身鑱腿　　　　　　落地臥牛右鑱腿

第二段

11. 烏龍絞柱	烏龍絞柱迎身起
12. 前後掃腿	猛虎打旋掃鐵尾
13. 圈錘拐肘弓步冲拳	圈錘拐肘弓步拳
14. 左右冲拳斜飛腳	拳打連環斜飛腿
15. 扁踹臥牛腿	回身扁踹臥牛勢
16. 鯉魚跳漣	鯉魚跳漣後擺尾
17. 老漢絮被窩	被窩絮進似穿梭
18. 旱地拔蔥	旱地拔蔥雙蹬腿
19. 死人翻車（一）	陰陽路間疾行走
20. 死人翻車（二）	死人翻車驚敵髓
21. 鯉魚打挺戳蹬踹	鯉魚打挺戳蹬踹
22. 裡合外擺弓步推掌	裡合外擺弓步然

第三段

23. 摔滑車	弧行飛身摔滑車
24. 側摔	栽碑戳腳後冲拳

（第四段）

25. 烏龍絞尾	烏龍絞尾走左右
26. 兔兒雙蹬腿	冷箭出弓敵難防
27. 鯉魚打挺	鯉魚打挺迎身起
28. 進步連環拳	進退擺扣連環拳
29. 劈蹬掄背	斜劈側蹬進掄背
30. 烏龍絞柱	烏龍絞柱走連環
31. 虛步合掌	七星垮虎雙合掌
32. 併步雙壓掌	併步收式神煥然

六、地趟拳動作說明和要求

圖1

預備勢

　　身體站立，兩腳併攏，兩臂自然下垂，兩掌輕貼在兩腿外側，神態自然；目視前方（圖1）。

圖2

第一段

1. 虛步雙壓拳──七星垮虎雙壓拳

【動作說明】：

（1）兩掌由兩側屈臂上行，由身後向身前直臂緩動，形成對掌，掌心朝上，再回收經腹前向兩側運行與肩同高。

第一段

圖 3

（2）右腳向右撤步，左腳提起向左前落步，腳尖點地；同時，右腿下蹲與左腿成左虛步。

（3）上一個動作不停，身體微左轉，兩掌變拳在兩側隨身體下壓，拳眼朝內；目視左方（圖2、3）。

【要求】：

兩掌運行、左右轉體要協調一致，同時進行，緩慢不要間斷。虛步雙壓拳要快，乾淨俐落。

第一段

圖4

2. 後蹶腳按掌——鷹旋回首左右按

【動作說明】：

（1）接上動作，左虛腳落實，身體略起左轉，兩拳變掌向身前合攏穿行，左俯掌在上，右仰掌在下；左掌經右前方向左後側運行，右掌行至腹前臂內旋成俯掌向右側運行；目視右手。

（2）上體微左轉，當左右掌各自運行至左右兩側時，左臂上提左掌向左側下方按出，稍低於肩；同時，左腳蹬地腿直立，右腿屈膝向上蹶起，腳掌朝上；與此同時，頭隨上體腰用力向左扭轉與右蹶腳合力。

（3）當左掌按出，左腳蹶起時，右臂上提向右側下方按出，臂微屈稍低於肩；目視左側（圖4）。

【要求】：

左右轉體，兩掌左右穿行，後蹶腳及左右按掌要協調一致，同時進行，一氣呵成。按左掌時右臂要略上提，按右掌時左臂要略上提，形成左右、上下交錯之力。左按掌與右蹶腳要同時發出。

圖5

3.螳螂步戳蹬跘——螳螂閃身戳蹬跘

【動作說明】：

（1）接上動作，右腳左腳先後向右前上步，兩掌仍撐於兩側；右腳向左腳前蓋步，左腳再向右腳前擺扣步；兩臂由身前向下、向左、向上直臂掄行。同時，身體向左側後傾，以腰為軸從左向後、向右扭轉一周；當兩掌掄行至前下方時，右腳繼續向左腳前擺

圖6

扣。上體右轉，再左轉，左腳向前上步，兩掌由下向
前平穿；目視前方（圖5、6）。兩掌向右下方捋撲
撐地，左腿同時下蹲，右腳腳尖同時外展，腳跟擦地

圖7

向前上方戳出，高與膝齊；目視右腳方向（圖7）。

（2）左腳蹬地跳起，左掌隨之離地上撩，上體上領；同時，右腳收回落地，左腳尖勾起向前上方蹬出，高與膝齊，身體懸空；目視左腳方向（圖8）。

圖8

　　（3）左腳蹬地跳起，身體左轉，兩腿在空中屈膝靠攏，同時下落，右腳急速向右仆腿蹍戳；目視右腿方向（圖9）。

　　【要求】：

　　從螳螂步、兩掌掄行到撲撐右戳腳，上下要協調一致，同時進行。左右擺扣步是螳螂步法，上體扭轉並有左右閃躲之意，並配合兩掌掄行左右平穿要做清

第一段

圖9

楚。右手撐地，上體上領，收落右腳，蹬左腳要同時
進行。蹬地起跳，身體騰空左轉，下落躍戳要協調一
致。仆腿躍戳是一個動作內含兩種勁力方法，即向下
砸躍勁和向前戳勁合為一體，躍其足背，戳其踝部。

圖10

4. 烏龍絞柱──烏龍絞柱就地纏

【動作說明】：

（1）接上動作，左腿深蹲向左側倒地，同時，右腿向左斜上方掃掛，上身躺地從左向右後方滾翻。

（2）當右腿掃掛至上方時，腰從左向右、向上扭轉（圖10）。

（3）兩腳落地成右仆步，兩手在身前扶地；目視右腿方向。

【要求】：右腿掃掛，夾胯剪蹬，滾翻扭轉要協調一致，同時進行。

第一段

圖11

5. 跳躍雙撲掌——狸貓捉鼠雙撲爪

【動作說明】：

（1）接烏龍絞柱動作，右腳抬起，左腳踏地跳起，身體騰空右轉，兩掌隨右轉體在空中由前向下、向後再向上分掄，兩腿在空中屈膝後擺，展胸挺腹。

（2）含胸收腹，兩掌、兩腳同時急速下撲，兩掌撲地，變成左仆步，上體下俯靠近兩臂；目視前方

圖 12

（圖 11、12）。

【要求】：

　　從起跳到雙撲掌整個過程要協調一致，同時進

行，不要間斷。

第一段

圖 13

6. 分手下踩——野馬分鬃迎風踩

【動作說明】：

（1）接上動作，身體起立，右腳向前上步，同時，兩掌交叉從身前向上分，左掌在上右掌在下，掌心朝下；經頭上向兩側至腹前交叉，左掌在上，右掌在下，掌心朝上。

（2）左腳提起，腳尖外展向前仰身下踩，高與膝齊，兩掌同時向兩側分打，拇指向外，兩臂低於肩；目視斜前方（圖13）。

【要求】：

兩掌分打與踩腳要協調一致，同時進行。兩掌分打時，要著力於食指外側。

第一段

圖14

7. 橫襠步雙抱拳——雙臂掄行虎抱錘

【動作說明】：

（1）接上動作，左腳落地，兩臂由兩側向左、向上直臂掄行，右腳向左腳前擺扣。

（2）上體左轉，左腳向左前上步，兩腿屈膝下蹲成橫襠步，兩掌變拳由右側下行至身前屈臂，坐腕，拳眼朝上；目視左前方（圖14）。

【要求】：

兩臂掄行到橫襠步抱拳，上下要協調一致，同時進行，不要間斷。抱拳要鬆靜自然，不要僵硬。

第一段

圖15

8. 左右戳腳沖劈拳──左右戳腳雙劈拳

【動作說明】：

（一）左戳

（1）接上動作，身體起立重心前移，兩拳變掌，左臂外旋內收，右臂外旋經左臂下向前、向上、向後運行，左臂在胸前內旋成俯掌向前變拳。

（2）在左右臂運行同時，右腳向前上步屈膝，左腳尖外展，腳跟擦地向前戳出，高與膝齊，右拳不停向前上方沖出，拳心朝內，拳面略低於頦，臂略

圖16

屈；目視前方（圖15）。

（二）右戳

接上動作，左腳落地屈膝，重心向前。同時，右拳收抱於腰側，拳心朝上，右腳尖外展，腳跟擦地向前戳出，高與膝齊；左拳與右戳腳同時向前上方沖出，拳心朝內，拳面向上，高與頦齊；目視前方（圖16）。

圖17

（三）跳步雙劈拳右戳腳

接上動作，右腳落地，重心前移，左腳向前抬起，兩拳同時向左上方屈臂舉起，左拳在前、在上，右拳在後、在下，拳心交錯相對，拳面朝上；右腳同時蹬地跳起，左腳落地，右腳尖外展，腳跟擦地向前戳出，高與膝齊，兩拳在右戳腳戳出的同時向右下方斜劈，右拳在前、在下，左拳在後、在上；目視前方（圖17）。

【要求】：

左右戳腳、沖拳和跳步雙劈右戳三個動作，要連續進行，一氣呵成。左右沖拳與戳腳和雙劈拳與右戳腳，要同時進行。凡戳腳時都要屈膝坐胯，兩腿靠緊，拳腳同時發出，形成合力。跳步雙劈拳和右戳腳均要向前縱身。

圖18

9. 掄背旋風腳——急地蹬科空中雷

【動作說明】：

掄背：接上動作，右腳落地，兩拳變掌向前伸臂，左手扶地，頭隨身體前傾，含胸低頭，右臂靠胸

圖19

向後伸；同時，左手扶地右肩著地，左腳向上掀起，身體屈圓抱緊。由右肩背經腰至左臀部滾翻一周，後變成右仆步，兩手在身前扶地；目視右腿方向（圖18、19）。

圖20

　旋風腳：接上動作，兩腳上步，右腳踏地，左腳提起上擺，兩臂向上領起，身體經左向後上方翻扭，在空中右腳裡合擊響，左手擊右腳掌，同時屈左腿；目平視（圖20、21）。

第一段

〔圖21〕

【要求】：

　　自掄背起身上步至旋風腳擊響要協調一致，不要間斷，要借助掄背的慣性加速上步起跳。

圖22

10. 臥身鑹腿──落地臥牛右鑹腿

【動作說明】：

旋風腳擊響後，在空中屈膝盤腿落地，同時，右腿直伸貼地鑹出，腳掌著地，上體前臥靠近雙臂，兩手扶地；目視右腿方向（圖22）。

【要求】：

旋風腳與臥身鑹腿，必須在同一時間進行，上體前臥與鑹腿要同時完成。從戳腳沖拳到臥身右鑹腿整個過程都要連續進行，不要間斷，一氣呵成。

圖 23

第二段

11. 烏龍絞柱──烏龍絞柱迎身起

【動作說明】：

（1）接上動作，右腿向左斜上方掃掛，上身躺地從左向右後方滾翻。

（2）當右腿掃掛至上方時，左腿配合右腿夾跨向右上方剪蹬，同時，肩背撐地，自左向右、向上轉腰（圖23）。

（3）兩腳落地成右仆步，兩手在身前扶地；目視右腿方向。

【要求】：

右腿掃掛，夾胯前蹬，滾翻扭轉腰部要協調一致，同時進行。

圖24

12. 前後掃腿──猛虎打旋掃鐵尾

【動作說明】:

接上動作,烏龍絞柱回身向前上步,屈膝下蹲變成右仆步,向右前方掃半周(圖24);上體移至右腿,兩手立刻在右腿前扶地,左腿伸直右腿屈膝,向後掃半周;目視側下方(圖25)。

第二段

圖 25

【要求】：

前後掃腿要連貫，右仆步變成左仆步要協調、自然，這樣才能達到前後連環掃腿的效果。

圖26

13. 圈錘拐肘弓步沖拳——圈錘拐肘弓步拳

【動作說明】：

（1）接上動作，後掃起身繼續左轉，右腳隨左轉體向左腿前擺扣，右拳隨左轉體向左圈打，再向後拐擊右肘；回頭目視右側方（圖26、27）。

第二段

圖27

（2）右前臂外旋，右拳抱於右腰側，拳心朝上，左掌在右腕上；同時，回頭左腳向前上步屈膝成

第二段

圖28

左弓步，左掌向前伸臂外旋變拳收抱於左腰側，右拳
經腰間向前沖出；目視前方（圖28）。

【要求】：

前後掃腿，圈錘、拐肘要在同一位置，連續進行
不要間斷。圈錘、拐肘和弓步沖拳三種方法要表現清
楚，以腰發力，內外合一。

圖29

14. 左右沖拳斜飛腳——拳打連環斜飛腿

【動作說明】：

（1）接左弓步沖右拳，右拳收抱於腰側，同時左拳內旋向前沖出，隨之再沖右拳；左拳收回（圖29）。

（2）當右拳前沖左拳收回時，左腳蹬地，身體

圖 30

起立，重心前移，隨即右腳向前方彈踢，腳面繃平與大腿平行；兩拳變掌，右掌回抽後伸，左掌向前擊拍右腳面；目視前方（圖30）。

【要求】：

做右飛腳時，上體右轉稍前俯，腰要向右轉，左臂前伸，右臂後擺，形成斜飛勢。

第二段

圖 31

15. 扁踹臥牛腿——回身扁踹臥牛勢

【動作說明】：

（1）接上動作，右腳收回，左腳為軸右轉向後，右腳向前上步，身體繼續右轉，左腳提起橫腳向前踹出高與胸齊。

（2）兩掌隨右轉體同時俯掌由身前交叉向上分行，至腹前外旋仰掌交疊，與踹腿同時，上體側身向右下俯，兩掌由腹前內旋分別向兩側分推，指尖斜朝

下；目視左腿方向（圖31）。

【要求】：

身體右轉，兩掌分推與踹腿要協調一致，同時進行。側踹腿不要過高，與胸部平齊，發腿要快速有力，上體要配合向後伸展。

圖 32

16. 鯉魚跳漣——鯉魚跳漣後擺尾

【動作說明】：

（1）接上動作，身體右轉並向前上左腳，再上右腳，左腳隨之與右腳相併，兩腳同時蹬地跳起；上體由上向前下撲落，兩腳向後上方伸展，兩臂在空中屈臂收於胸前，手心朝下。

（2）當上體下落，兩腿向上伸展時，兩腳要擺

第二段

圖 33

動拍打或屈膝點蹬。

（3）兩手先落地屈臂靠胸，兩腳隨身落地成俯臥撐姿勢；目視前方（圖32、33）。

【要求】：

上體前撲，兩腿後伸，兩腳拍打要協調一致。兩腳拍打或點蹬要分明，不要做成舞台上的撲虎動作。

圖 34

17. 老漢絮被窩——被窩絮進似穿梭

（1）接上動作，身體上領，兩臂用力撐地。同時，兩腿迅速屈膝收於腹前，兩腳旋空由兩臂中間仰身穿出，腳尖勾起，腳跟用力向前蹬出。

（2）在兩腳穿出仰身躺地同時，兩臂外展，兩手平伸落地，手心朝上；目視前上方（圖34、35）。

第二段

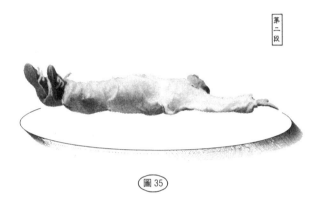

圖 35

【要求】：

兩臂支撐時要有後拉力，協助雙腳前蹬。前蹬時
腹要向前上方挺勁，身體要懸空。完成動作後，頭項
應在兩手中間位置，好似身子鑽進被窩裡，頭枕在枕
頭上一樣。

圖36

18. 旱地拔蔥——旱地拔蔥雙蹬腿

（1）接上動作，兩腿抬起，肩背撐地，腰臀上拔，兩腳經頭上用力向後蹬，或兩腿直擺，腳尖朝下。

（2）與此同時，兩手在肩部兩側撐地協助兩腳後蹬及直擺，兩腳尖落地成俯臥撐姿勢（圖36）。

【要求】：

兩腿後蹬或直擺，與腰臀上拔同時進行，兩手撐

圖 37

地要協調配合。兩腳後蹬可高可低，可高於胸，可低於膝。

19.死人翻車（一） 陰陽路間疾行走

【動作說明】：

接上動作，身體挺直兩腿併嚴，由手掌、手背交替向前翻蹦，至一段距離約 10 次（圖 37、38）。

圖 38

【要求】：

　　向前翻蹦要保持身體僵直，兩腿併緊，手掌、手背交替前進約 10 次。

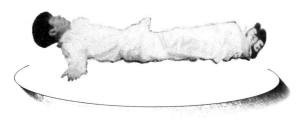

39

20.死人翻車（二）　死人翻車驚敵髓

【動作說明】：

接上動作，手心、手背向前交替翻蹦10餘次後，兩手用力撐地使身體向上向右翻轉，身體保持僵直，仰身平整落地，兩臂隨身體翻轉平伸兩側，手心朝上；目平視（圖39）。

【要求】：

翻蹦距離可根據自身情況而定，身體翻轉時要懸空。

圖 40

21. 鯉魚打挺戳蹬踹——鯉魚打挺戳蹬踹

接上動作，（1）屈腹收腿，兩腳向上抬起，繃腳面，兩手由兩肩後撐地或推兩腿。

（2）腰臀上提肩背撐地，兩腿分開向前弧形振擺，屈膝收腳落於臀下（圖40、41）。

圖41

（3）在兩腿向前振擺的同時，上體向前上方挺
腹彈起，目視前方。

（4）兩腳落地同時，上體向右側前傾，兩掌撲

圖42

撐於右側地面，與此同時，右腳尖外展向前上方戳出，高與膝齊；目視右腳（圖42）。

（5）左腳蹬地跳起，左掌隨之離地上撩，上體

第二段

圖43

上領，同時，右腳收回落地，左腳尖勾起向前上方蹬
出，高與膝齊，身體懸空；目視左腳（圖43）。

（6）右腳蹬地跳起，身體左轉，兩腿在空中屈

第二段

圖 44

　　膝靠攏，同時下落，右腳急速向右仆腿躧戳，目視右
腿方向（圖44）。

　　【要求】：

　　鯉魚打挺、戳、蹬、躧、要同時進行，不要間
斷，各個動作的力點要清楚。

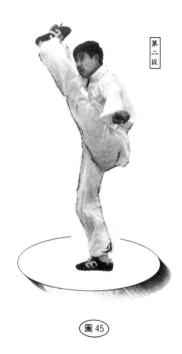

圖 45

22. 裡合外擺弓步推掌——裡合外擺弓步然

【動作說明】：

接上動作，起身右轉左裡合腿，右外擺腿，左腳向左前上步屈膝成左弓步；同時，左手由身前向身後平伸變勾手，右掌由胸部向前推出；目視右掌方向（圖 45～47）。

第二級

圖 46

地趟拳動作

說明和要求

【要求】：

鯉魚打挺雙腳落地與兩掌撲撐右戳腿要在同時進行。戳、蹬、蹂與裡合、外擺五腿要連續進行，不要脫節。

圖 47

圖48

$$第三段$$

23. 摔滑車——弧行飛身摔滑車

【動作說明】：

（1）左勾手變掌與右掌同時在身前相交穿行，左掌在上；身體右轉，兩腳先後向右前方上步，兩掌運行由腹前向兩側變立掌與肩同高（圖48）。

第三段

圖49

（2）身體左轉向前行 5 步時，左腳踏地，向空中做雙踹腿動作。在空中，右腿在前在上，左腿在後在下，上身側臥，左臂在下右臂在上；目視踹腿方向（圖49、50）。

圖 50

（3）兩手收於胸前先著地，隨即兩腳尖落地，右腳在上在前，左腳在下在後，身體懸空；目視兩腳方向（圖51）。

【要求】：

兩掌穿行與兩腳上步變雙立掌，上下肢要協調一

第三級

圖51

致，神行合一，密切配合。兩腳上步要形成一個弧形
路線。空中雙踹腿屈伸要分明，力點要準確。下落時
要控制，掌握由上體至下肢魚貫而落，協調進行，重
心偏於左臂。

第三段

圖52

24.側摔——栽碑戳腳後沖拳

【動作說明】：

（1）接上動作，起身向前，左腿外掰右腳外側擦地戳出，同時，上體直挺，側身向下摔跌，右肩著地，右掌變拳隨身體下跌向後沖，左掌屈臂抱與胸前；目視右拳方向。

（2）左腳在右腳戳出，身體下跌時，腳跟提

起、腳尖用力撐地，屈膝外掰，與右腳外側、右肩部形成三點撐地，將身體懸空挺起（圖52）。

【要求】：

摔跌、戳腳、沖拳必須同時進行，要乾淨俐落。摔跌時身體要伸展挺拔，不要懈怠。

圖 53

第四段

25. 烏龍絞尾──烏龍絞尾走左右

【動作說明】：

右式：（1）接上動作，身體落地，左腿伸直向右斜上方掃掛，同時，身體向左翻滾，左腿當掃至上方時，外旋屈膝；在左腿掃掛同時，右腿隨身體左翻向左腿合扣相夾。

第四段

地趟拳動作

說明和要求

圖 54

（2）左腿在屈膝同時，小腿向裡掛，右腿屈膝
靠左腿，腳掌貼地鏟出，上體配合右鏟腿起身前俯，
兩手扶地；目視右腳方向（圖53、54）。

第四級

圖 55

左式同右式，惟方向相反（圖 55、56）。

【要求】：

左右掃掛、合扣鏟腿、左右翻滾要協調一致，同時進行。左右掃掛，左右屈膝裡掛，左右合膝鏟腿要做分明；裡掛與鏟腿要同時進行。

地趄拳

第四段

圖 56

第四段

圖 57

26. 兔兒雙蹬腿——冷箭出弓敵難防

【動作說明】：

（1）接上動作，右側臥左鏟腿，身體左轉，兩腿、兩臂、上體同時收屈，兩腳勾起，兩掌抱於胸前，上身抬起，腰部撐地；目視兩腳。

（2）兩腳同時急速向前蹬出，高與膝齊，上體仰身後挺配合兩腿用力，兩手扶撐兩側地面；目視兩腿方向（圖57）。

【要求】：

　　身體左轉，四肢與身體屈收，要同時進行。在雙蹬腿的同時，腹要前挺，身體要向後伸展，身體在瞬間懸空。

第四段

圖58

27. 鯉魚打挺——鯉魚打挺迎身起

（1）接上動作，兩腿蹬出同時抬起，繃腳面，兩手經兩肩後撐地或兩手推腿。

（2）腰臀上提肩背撐地，兩腿分開向前弧形振擺，屈膝收腳落於臀下。

（3）在兩腿向前振擺同時，上體向前上方挺腹彈起；目視前方（圖58）。

【要求】：

兩腿振擺，上體彈起要協調一致，同時進行；兩腿分開不要超過兩肩的寬度。

圖59

28. 進步連環拳——進退擺扣連環拳

【動作說明】：

（1）鯉魚打挺起身，左腳向右前側擺步，右腳經左腳前向側後擺步，左腳再向後退步。

（2）擺扣步同時，左掌自下向後、向上、向前變拳抱於左腰側，拳心朝下，拳眼朝內。同時，右掌變拳，自身前向下經腹、胸、臂外旋向前衝出，拳心朝上。緊接著收右拳沖左拳，再沖右拳，拳的位置不變；目視前方（圖59）。

【要求】：

　　擺扣步與兩掌運行，連環沖拳，上下要協調一致，同時進行。沖拳時，兩腿微屈膝，右腿前弓，重心在前腿。

圖60

29. 劈蹬掄背——斜劈側蹬進掄背

【動作說明】：

（1）接上動作，左臂外旋，右臂內旋，同時右拳收回上衝，右拳在上，左拳在下，然後兩拳同時向左側斜下方劈出，左拳在下、在先，右拳在上、在後，拳眼朝上。

（2）與此同時，右腿屈膝右腳抬起，身體左

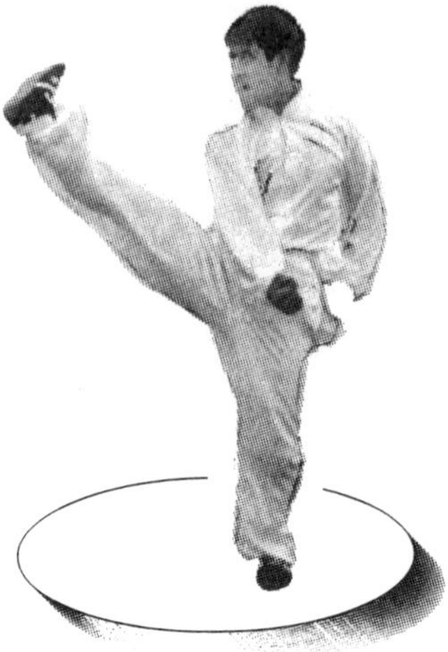

圖 61

轉，腳尖勾起向前蹬出；目視右腳方向（圖60、
61）。

　　（3）右腳向前上步屈膝，上體前傾，含胸低
頭，右臂靠胸向後伸；同時，左手扶地右肩著地，左
腳向上掀起，身體屈圓抱緊。

第
四
段

圖62

（4）由右肩背經腰至左側臀部滾翻一周後成右
仆步，兩手自然隨在身前扶地；目視右腿方向（圖
62、63）。

第四段

圖 63

【要求】：

　　兩拳下劈與右蹬要同時進行。蹬腿時，左腿屈膝左腳用力蹬地，腰胯要向前推送，上體微後傾。

圖64

30.烏龍絞柱──烏龍絞柱走連環

【動作說明】：

（1）接上動作，身體向左側倒地，同時，右腿向左斜上方掃掛，上身躺地從左向右後方滾翻。

（2）當右腿掃掛至上方時，左腿配合右腿夾胯向右上方剪蹬。同時，肩背撐地，腰從左向右、向上扭轉，完成後，上體仍左側臥地。右腿繼續向前上方掃掛，左腿剪蹬，至五次後起身（圖64）。

【要求】：

五次絞柱要連續進行，不能間斷。

圖65

31. 虛步合掌——七星垮虎雙合掌

【動作說明】：

（1）烏龍絞柱起立，右腳向左前上步，雙掌由兩側斧掌向上運行至胸前相合，中指相對，屈臂抱圓，面向左前方。

（2）與合掌同時，左腿屈膝下蹲，左腳提起向前落步，腳尖點地與右腿變成左虛步；目視左前方（圖65）。

【要求】：

合掌和虛步要協調一致，同時進行，乾淨俐落。

圖66

32. 併步雙壓掌──併步收式神煥然

【動作說明】：

（1）身體立直右轉，兩掌同時外旋變仰掌前穿，同時右腳向後撤步，兩掌回收兩側向下、向上仰掌分行；左腳與兩掌回收，同時向後撤步落實，右腳再撤回與左腳併齊。

（2）兩掌不停繼續運行至頭上，分別內旋變俯掌向下壓，兩手中食指分別靠至兩胯處，兩臂微屈成

第四段

圖 67

弧形；目視左側前方（圖66）。

　還原：兩掌自然下落靠至兩腿側，頭稍右轉；目視前方（圖67）。

　【要求】：

　兩掌運行與左右撤步，要協調一致，併步雙壓掌要穩健，神態要自然。

地趟拳傳人名單

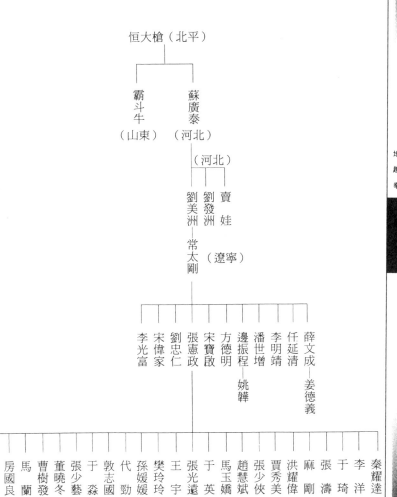

恒大槍（北平）

霸斗牛（山東）　蘇廣泰（河北）

（河北）

賣娃　劉發洲　劉美洲—常太剛（遼寧）

薛文成—姜德義
任延清
李明靖
潘世增
邊振程—姚韓
方德明
宋德明
張寶啟
劉忠仁
宋偉家
李光富

秦彥博
房國良
馬蘭
曹樹發
董曉冬
張少藝
于淼
敦志國
代勁
孫媛媛
樊玲玲
王宇
張光遠
于英
馬玉嬌
趙慧斌
張少俠
賈秀美
洪耀偉
麻剛
張濤
于琦
李洋
秦耀達

大展出版社有限公司
品冠文化出版社

圖書目錄

地址：台北市北投區（石牌）　電話：（02）28236031
　　　致遠一路二段 12 巷 1 號　　　　　28236033
郵撥：01669551＜大展＞　　　　　　　28233123
　　　19346241＜品冠＞　　　傳真：（02）28272069

・女醫師系列・品冠編號 62

・傳統民俗療法・品冠編號 63

・常見病藥膳調養叢書・品冠編號 631

1.	脂肪肝四季飲食	蕭守貴著	200 元
2.	高血壓四季飲食	秦玖剛著	200 元
3.	慢性腎炎四季飲食	魏從強著	200 元
4.	高脂血症四季飲食	薛輝著	200 元
5.	慢性胃炎四季飲食	馬秉祥著	200 元
6.	糖尿病四季飲食	王耀獻著	200 元
7.	癌症四季飲食	李忠著	200 元

・彩色圖解保健・品冠編號 64

1.	瘦身	主婦之友社	300 元
2.	腰痛	主婦之友社	300 元
3.	肩膀痠痛	主婦之友社	300 元
4.	腰、膝、腳的疼痛	主婦之友社	300 元
5.	壓力、精神疲勞	主婦之友社	300 元
6.	眼睛疲勞、視力減退	主婦之友社	300 元

・心 想 事 成・品冠編號 65

1.	魔法愛情點心	結城莫拉著	120 元
2.	可愛手工飾品	結城莫拉著	120 元
3.	可愛打扮 & 髮型	結城莫拉著	120 元
4.	撲克牌算命	結城莫拉著	120 元

・熱 門 新 知・品冠編號 67

1.	圖解基因與 DNA	（精）	中原英臣 主編	230 元
2.	圖解人體的神奇	（精）	米山公啟 主編	230 元
3.	圖解腦與心的構造	（精）	永田和哉 主編	230 元
4.	圖解科學的神奇	（精）	鳥海光弘 主編	230 元
5.	圖解數學的神奇	（精）	柳谷晃 著	250 元
6.	圖解基因操作	（精）	海老原充 主編	230 元
7.	圖解後基因組	（精）	才園哲人 著	

・法律專欄連載・大展編號 58

台大法學院

法律學系／策劃
法律服務社／編著

1.	別讓您的權利睡著了(1)	200 元
2.	別讓您的權利睡著了(2)	200 元

・武 術 特 輯・大展編號 10

1.	陳式太極拳入門	馮志強編著	180 元

·青 春 天 地· 大展編號 17

・養 生 保 健・大展編號 23

國家圖書館出版品預行編目資料

地趟拳＋VCD／張憲政　著
——初版，——臺北市，大展，2003〔民92〕
面；21公分，——（武術特擊；50）
ISBN 957-468-242-0（平裝附影音光碟）

1.拳術—中國
528.97　　　　　　　　　　　　92011416

北京人民體育出版社授權中文繁體字版

地趟拳＋VCD

ISBN 957-468-242-0

著　　者／張憲政
責任編輯／趙新華　　孫　岩
發 行 人／蔡森明
出 版 者／大展出版社有限公司
社　　址／台北市北投區（石牌）致遠一路2段12巷1號
電　　話／（02）28236031・28236033・28233123
傳　　眞／（02）28272069
郵政劃撥／01669551
網　　址／www.dah_jaan.com.tw
E - mail ／ dah_jaan@pchome.net.tw
登 記 證／局版臺業字第2171號
承 印 者／國順文具印刷行
裝　　訂／協億印製廠股份有限公司
排 版 者／弘益電腦排版有限公司
初版1刷／2003年（民92年）9月

定　價／350元

大展好書　好書大展
品嘗好書　冠群可期